Anja Ritterhoff

Weihnachten ist da!

Fensterbilder aus Windowcolor

Winterzeit

(Abbildung Seite 1)

Hier lieg ich nun, ich schwarzer Rabe,
und am Müßiggang mich labe,
mit Schal und Mütze stets bereit,
falls es endlich wieder schneit.
Zur Weihnachtszeit gehört der Schnee,
zugefroren ist auch der See.
Raureif glitzert auf dem Dach,
ich fühle mich sofort hellwach,
mache, was mir Freude macht:
eine lustige Schneeballschlacht.

Motivgröße
ca. 20 cm x 27 cm

Vorlagenbogen 2A

Gedichte: Dolphs Poetry, Sandra Goerdt-Heegt, 59514 Welver

Fotos: frechverlag GmbH + Co. Druck KG, 70499 Stuttgart;
Fotostudio Ullrich & Co., Renningen

Dieses Buch enthält:
2 Vorlagenbogen

Auflage: 5. 4. 3. 2. 1. | Letzte Zahlen
Jahr: 2005 2004 2003 2002 2001 | maßgebend

ISBN 3-7724-2817-7 · Best.-Nr. 2817
Druck: frechverlag GmbH + Co. Druck KG, 70499 Stuttgart

In diesem Buch begrüßen Sie neue Windowcolor-Motive zur Winter- und Weihnachtszeit. Und was das Besondere ist: zu jedem Motiv gibt es ein passendes Gedicht. So finden Sie für die Adventszeit eine niedliche Wichtelgans, ein Kerzenfenster oder einen kleinen Esel. Im Winter lacht der Rabe, der Schneemann spielt mit seinen Freunden und der dicke Pinguin liest seine Post. Und zum Fest liest der Weihnachtsmann auf seinem Sofa die Weihnachtsgeschichte vor, die Weihnachtshexe fegt übers Land, das Kind sucht seine Geschenke am Kamin und der liebe Nikolaus ruht sich aus.

Viel Spaß mit den Motiven und Gedichten wünscht Ihnen Ihre

Anja Rittershoff

Material und Hilfsmittel

- Windowcolor- Konturenfarbe
- Windowcolor in verschiedenen Farben
- Adhäsionsfolie
- Metalldüse für feine Konturen, 0,2 mm
- Glasperlen in verschiedenen Farben
- Streuflitter in verschiedenen Farben
- Streusterne in verschiedenen Farben
- Lackstift in Schwarz
- Kleine, spitze Schere
- Zahnstocher
- Klebefilm

Alle Motive in diesem Buch sind aus Stabilitätsgründen auf Adhäsionsfolie gemalt. Die Motive verbleiben auf der Folie und werden nach dem Trocknen entlang der Konturen ausgeschnitten. Sie können aber auch andere Trägerfolien (z. B. Prospekthüllen) verwenden. Zwischenräume müssen in diesem Fall mit kristallklarer Farbe ausgefüllt werden. Nach dem Trocknen werden die Motive von der Folie abgezogen und direkt auf der Scheibe angebracht..

So wird's gemacht

Umgang mit dem Vorlagenbogen

Um Ihnen das Malen der Motive zu erleichtern finden Sie zu jedem Motiv auf dem Vorlagenbogen genaue Farbangaben. Die einzelnen Farbflächen sind mit Ziffern gekennzeichnet, die für eine Farbe stehen. So können Sie die Motive ganz leicht nachmalen. Auf Seite 5 und dem Vorlagenbogen 1A finden Sie die Farbtabellen.

Konturenauftrag

Beginnen Sie mit dem Konturenauftrag. Hierfür legen Sie die Folie auf das gewünschte Motiv und befestigen sie leicht mit Klebefilm. Halten Sie die Flasche mit etwas Abstand auf die Folie und ziehen Sie die Konturen von innen nach außen mit der Konturenfarbe nach. Für feinere Konturen stecken Sie eine Metalldüse auf die Flasche. Lassen Sie die Kontur jetzt je nach Hersteller ca. 2- 9 Stunden trocknen.

Farbauftrag

Orientieren Sie sich an den Abbildungen oder den Farbangaben auf dem Vorlagenbogen und verteilen Sie die Farbe nicht zu dünn in den Flächen bis zu den Konturenrändern. Wenn Sie möchten, können in die noch feuchte Farbe Perlen, Flitter und Sterne gestreut werden. Lassen Sie das Motiv im liegenden Zustand je nach Herstellerangaben bis zu 24 Stunden trocknen.

Motive ausschneiden und aufhängen

Wenn Sie das Motiv auf Adhäsionsfolie gearbeitet haben, schneiden Sie es nach dem Trocknen entlang der äußeren Konturen mit einer spitzen Schere aus. Bei anderen Folien können Sie das Motiv von der Folie abziehen.
Die Motive haften an Fensterscheiben oder anderen glatten Oberflächen und können wieder abgezogen werden.

Farbangaben

Alle benötigten Farben sind rechts und auf dem Vorlagenbogen 1A aufgelistet. Die Farbflächen auf den Vorlagen sind mit Nummern versehen, so ist das Ausmalen ganz einfach!

Tipps

Motivvergrößerung/-verkleinerung

Die Motive können Sie mit dem Kopierer für Ihr Fenster verkleinern und vergrößern.

Mischen der Farben/Schattierungen

Bei kleinen Flächen können Sie Farben direkt im Motiv mischen, dabei ist ein Zahnstocher sehr hilfreich. Schattierungen erzielen Sie, wenn Sie z. B. Hell- und Dunkelgrün nebeneinander malen und ineinander ziehen.

Lichtpunkte/Farbtupfer

Lichtpunkte und farbige Punkte werden nach dem Trocknen mit Windowcolor aufgemalt, dann werden Sie schön rund.

Feinste Linien

Feine Linien (z. B. für Schnurrbarthaare) malen Sie nach dem Trocknen des Motivs mit einem schwarzen Lackstift auf.

Farben

1	Weiß
2	Gelb
3	Haut
4	Elfenbein
5	Perlmutt
6	Orange
7	Bernstein
8	Rot
9	Grün
10	Dunkelgrün
11	Blau
12	Pastellblau
13	Bordeaux
14	Lavendel
15	Violett
16	Rosa
17	Terrakotta
18	Hellbraun
19	Braun
20	Grau
21	Schwarz
22	Rauchschwarz
23	Kupfer
24	Hellblau
25	Gold
26	Glitzergold
27	Glitzersilber
28	Hellgrün

Idee

Verschenken Sie doch zum Nikolaus oder zum 2. Advent ein hübsches Windowcolor-Motiv. Auf eine Grußkarte können Sie das passende Gedicht schreiben. So machen Sie lieben Menschen bestimmt eine Freude.

Motivgröße
ca. 40 cm x 19 cm

Vorlagenbogen 1A

Sausen

In der Weihnachtszeit bin ich besonders froh,
ich fliege gerne, mehr als sonst sowieso,
Passagiere habe ich jetzt fast immer dabei,
eifrige Wichtel sind viel unterwegs, haben selten frei.
Mit Josi sausen wir von Ort zu Ort,
mal hierhin, mal dorthin, aber immerzu fort,
wir fliegen mehr als 1. Klasse,
bei der Weihnachtsfluglinie der besonderen Rasse.
Wir wären kein so gutes Team, gelänge es uns nicht,
dass am Weihnachtsabend stahlt jedes Kindergesicht.

Vorfreude

Am Heiligabend zu nächtlicher Zeit
eine jede Socke hält sich bereit,
am Kamin den besonderen Platz zu haben,
angefüllt, mit leckeren Gaben.
Und auch die Stiefel nebenan
halten schon den Atem an.
Am Morgen stürmen die Kinder herbei,
plündern und finden allerlei,
strahlend scheint glücklich ihr Gesicht,
noch mehr Freude gibt es nicht.

Motivgröße
ca. 27 cm x 27 cm

Vorlagenbogen 2B

Freundschaft

*Es war einmal ein Nikolaus,
der manchmal sah sooo traurig aus.
Ganz einsam zog er durch das Land,
keinen Freund hat jemals er gekannt.
Bei so viel Arbeit und stets Hast,
hat niemals Muße er zur Rast.
Ein Elch lief durch den dunklen Wald,
er war ganz einsam, ihm war kalt.
Ein Schneemann stand am Wegesrand,
mit seinem Besen in der Hand.
So kam es zu einem Freundes-Trio,
sie erfreuten die Kinder landauf und landab,
die Weihnachtszeit hält sie immer auf Trab
und sie waren seither stets sehr froh.
Denn, wer jemals wahre Freunde fand,
der hat auch die Botschaft der Weihnacht erkannt.*

Motivgröße
ca. 37 cm x 37 cm

Vorlagenbogen 1A

Motivgröße

ca. 28 cm x 38 cm

Vorlagenbogen 2A

Advent

Ankunft, so heißt der Advent,
Hoffnung ihn beim Namen nennt.
Das Ohr vernimmt den Ton der Glocken,
die zur Weihnachtsmesse locken
und verkünden den Frieden allen,
deren innere Schranken fallen.
Ankunft, so heißt der Advent,
Hoffnung ihn beim Namen nennt.
Lebkuchenduft zieht durch das Haus,
leckere Plätzchen – auch ein Schmaus.
Es ist an der Zeit, all das zu genießen,
was wir oft nicht zu schätzen wissen.
Ankunft, so heißt der Advent,
Hoffnung ihn beim Namen nennt.
Abendstimmung im Advent,
Ruhe, wie sie jeder kennt.
Hell leuchtet der Kerzenschein
in die verdunkelten Herzen hinein.
Ankunft, so heißt der Advent,
Hoffnung ihn beim Namen nennt.
Frage mich, was würde sein,
kehrt kein Advent mehr bei uns ein:
Die Hoffnung der Weihnacht ginge verloren
und das Christkind wäre vergebens geboren.

Der Bote

Erwin, der Esel, steht tief im Wald,
trotz der Winternacht ist ihm nicht kalt.
Mit einer warmen Decke auf dem Rücken,
guten Freunden, die ihn mit Besuch beglücken,
gesunden Möhren, delikat im Geschmack,
dem Mäuschen für den Schabernack.

Geht's Erwin zu gut, geht er nicht aufs Eis,
er trägt lieber die Post aus, damit er alles weiß.
Und nach der Arbeit, wie kann's anders sein,
zieht es ihn wieder in den Wald hinein.
Es hallt bis zum Ort der Ruf „I - a",
und jeder weiß, die Weihnachtspost ist da!

Motivgröße
ca. 44 cm x 26 cm

Vorlagenbogen 2A

Liebe Freunde ...

Liebe Freunde, lauscht mit Bedacht,
ich hab Euch etwas mitgebracht.
Eine Geschichte aus längst vergangener Zeit,
doch stets aktuell, also seid ihr bereit?
Ein lautes „Ja!“ hallt durch den Raum,
die Spannung hält sie im Zaume kaum.

Und so der Nikolaus beginnt,
im Fluge schnell die Zeit verrinnt.
In Bethlehems Stall, inmitten der Nacht,
die Tiere haben getanzt und gelacht,
das Christkind kam in die Welt hinein,
und Friede sollt auf der Erde sein.

Motivgröße
ca. 52 cm x 35 cm

Vorlagenbogen 1B

In Schnee und Ice

Hallo Freunde, mein Name ist „Ice",
es erübrigt sich die Frage, warum ich so heiß!
Aus frisch gefallenem Schnee gebaut,
muss es eisig sein, damit nichts taut.
Und ich kann den Winter noch lange genießen,
ohne vorher zu Wasser zu zerfließen.
Doch bis die Wärme sich verbreitet,
genieße ich, was der Tag bereitet:
Als Dach nehm ich das Himmelszelt,
viel Leckeres hab ich bestellt.
Ob Zuckerstange, Apfel oder Nuss,
die Weihnachtszeit ist ein Genuss.
Auch meine Freunde, die kleinen Meisen,
gehn gut gestärkt auf neue Reisen.
Trete ich im Frühling dann,
meine letzte Reise an,
sage ich allen schnell „good bye",
bis Weihnachten hab ich jetzt frei!

Motivgröße
ca. 27 cm x 34 cm

Vorlagenbogen 2B

Motivgröße
ca. 36 cm x 26 cm

Vorlagenbogen 2A

Tanz

Fröhlicher Tanz auf dem Lichterbogen,
nächtliche Stunde, sagenumwoben.
Strahlender Glanz auf grünem Kleid –
oh, du mystische Weihnachtszeit!

Duett

In meinem bunten Sternengewand
bin ich das schönste Wesen im Land.
Das ist ein Gerücht, murmelt der Baum,
mein grünes Kleid, das ist ein Traum.
Aber… wer wird im Advent sich streiten,
jeder hat seine Schokoladenseiten.
Seither versuchen sie's im Duett,
und fühlen sich dabei doppelt adrett!

Motivgröße

Giraffe ca. 20 cm x 28 cm
Tanne ca. 24 cm x 41 cm

Vorlagenbogen 1B

Alle lieben Geschenke ...

Eine schöne Adventszeit wünscht der Joe,
ich singe gern, bin meistens froh,
zu jedem Schabernack bereit,
und das nicht nur zur Weihnachtszeit.
Meine Wunschzettel habe ich schon geschrieben,
kaum Platz ist darauf frei geblieben,
ich habe ganz genau erklärt,
was ein Pinguinherz so alles begehrt.
Neue Kleidung, die war nicht dabei,
ich sag es heute frank und frei,
in meinem schwarzen Frack bin ich stets elegant,
ob im Packeis, in der Oper oder am Strand.
Etwas zum Spielen, ja, das ist dabei,
zur Kurzweil und gegen das Einerlei,
was manches Mal der Alltag mit sich bringt,
wenn man mit Arbeit oder Langeweile ringt.
Christkind und Weihnachtsmann, diese beiden,
müssen sich nun für Geschenke entscheiden,
die sie mir bringen in der Heiligen Nacht,
weil's Schenken auch uns Pinguinen Freude macht.

Motivgröße
ca. 27 cm x 33 cm

Vorlagenbogen 2B

Im Dorf

Stille einer Winternacht,
strahlend leuchtet die weiße Pracht.
Das Lichtermeer scheint zu uns her,
ins Herz hinein, Ruhe kehrt ein!
Friede einer Winternacht,
jeder sieht das, was ihn glücklich macht.

Tannen wiegen sich im Wind,
selig schläft ein jedes Kind.
Jeder Mensch macht sich bereit,
stille, friedliche Weihnachtszeit!

Motivgröße
ca. 41 cm x 27 cm

Vorlagenbogen 1B

Geschafft!

Sankt Nikolaus ist total geschafft,
die Müdigkeit hat ihn niedergerafft.
So viele Kinderbesuche in einer einzigen Nacht,
wer außer ihm hätte das fertiggebracht?
Geschenke in so großer Zahl,
dass das Verpacken grenzte schon an Qual.
Wird auch das Ganze hergestellt
in Nikolaus eignem Werkstattzelt,
so braucht es doch die Organisation
vom Fachmann und das ist er schon.
Wir, als seine Freunde, halfen eifrig mit,
wir folgten ihm auf Schritt und Tritt,
immer bedacht, ihn zu unterstützen,
oder ihm mit neuen Ideen zu nützen.
Öffnet vor Ort seine gefüllten Taschen,
um Groß und Klein zu überraschen.
Doch jetzt ist bis Silvester Schlafenszeit
und müde sind auch wir – „good night"!!!

Motivgröße
ca. 28 cm x 40 cm

Vorlagenbogen 1A

„Hui“ reitet

(Anleitung Seite 32)

„Hui" reitet

(Abbildung Seite 30/31)

Hexe „Hui" reitet geschwind
durch Sonne, Schnee, Regen und Wind,
bei Nacht und Nebel, der Kerze Schein,
leuchtet bis in die Träume der Kinder hinein.
Weihnachtswünsche, es ist an der Zeit,
sausen herum und machen sich breit.
Strahlend leuchtet der Weihnachtsstern,
in Bethlehem nah, dem Traume noch fern.
Am Morgen die Glocke klingelt hell,
der Träumer springt aus dem Bett – zu schnell,
und es macht - bumm -
der Traum ist um!!

Motivgröße
ca. 47 cm x 30 cm

Vorlagenbogen 2B